W0206454

[1] Kornmarkt

Parken im Parkhaus des Kornmarkt-Centers,
1 Euro pro Stunde

Der Name Kornmarkt lässt keinen Zweifel an der früheren Funktion des Ortes. Ab 1844 diente das Gelände dem erheblich ansteigenden Getreidehandel der expandierenden Stadt.

Das heutige Einkaufszentrum »Kornmarkt-Center« liegt auf dem Areal des einstigen Lauengrabens, der als Teil der Stadtbefestigung dem inneren Mauerring vorgelagert war. Ein weiterer Mauerring schloss auch die Vorstädte mit ein. Nach teilweisem Abriss der Stadtmauer und dem Zuschütten der Gräben ab 1826 wurde der Lauengraben zu einem urbanen Platz. Fast zwei Jahrhunderte lang stand hier das Stadttheater. Der 1871 eröffnete repräsentative Bau ging durch Umbau und Erweiterung aus dem bereits 1796 auf der Schützenbastei errichteten, durch eine Aktiengesellschaft betriebenen Schauspielhaus hervor. 1905 wurde der heute im Burgtheater ausgestellte Rietschel-Giebel angefügt. Die Schäden des Zweiten Weltkrieges waren zwar in den frühen 1950er Jahren beseitigt worden, doch am 30. Dezember 1968 ließ die Stadtverwaltung große Teile des Baus sprengen und abtragen. Auf der Brache baute die Hamburger ECE 1998–2000 das Kornmarkt-Center.

[2] Museum Bautzen

Di–So 10–17 Uhr (Sommer), 10–18 Uhr (Winter), 3,50/2,50 Euro, Tel. 03591 49 850

Das Stadtmuseum (Kornmarkt 1) wurde 1912 erbaut und 1931 erweitert. Grundlage der Dauerausstellung bildeten die privaten Sammlungen des Gerichtspräsidenten Dr. Stieber und des Buchhändlers Oskar Roesger, die bereits ab 1869 öffentlich zu sehen waren. Mehrere Nachlässe und Spenden anderer Privatpersonen kamen hinzu. Das Museumsgebäude wurde 2004–2009 umfassend saniert. Die Bestände aus den Bereichen Ur- und Frühgeschichte, Volks- und Regionalkunde, Stadt- und Kulturgeschichte sowie Kunst werden heute in den drei Abteilungen »Region«, »Kunst« und »Stadt« präsentiert. Allein die Kunstsammlung umfasst etwa 17 000 Exponate deutscher Kunst von der Renaissance bis zur Gegenwart. Zu den bekanntesten Künstlern, die hier vertreten sind, gehören Lucas Cranach d. Ä., Carl Gustav Carus, Max Liebermann und Otto Dix.

Die seit 2007 vor dem Eingang des Museums stehende Bronzeskulptur »Marsyas – Jahrhundertbilanz« ist ein Werk Wieland Försters, 1999 geschaffen.

[3] Reichenturm

April–Okt. 10–17 Uhr, 1,40/1 Euro,
Tel. 03591 460 431

Vom Kornmarkt aus geht man an modernen Wasserspielen vorbei zum Reichenturm, dem »Schiefen Turm« von Bautzen. Steigt man die 135 Stufen zur Aussichtsplattform hinauf, kann man in der Türmerstube am Pendel ablesen, dass das Bauwerk heute an der Spitze eine Neigung von 1,44 Metern aus dem Lot hat.

Der untere Teil des Reichenturmes wurde 1490 bis 1492 erbaut. Zusammen mit einem Tor sicherte er den östlichen Zugang zur Innenstadt, ab 1593 war in einem Anbau auch eine Arreststube für Schuldner untergebracht. Nach Zerstörungen im Dreißigjährigen Krieg konnte der Turm erst 1663 wieder aufgebaut werden. Das Tor mit seinen vier gestaffelten gotischen Bögen wurde 1837 abgetragen, ein letzter Rest erst 1968. Der barocke obere Teil wurde 1715–1718 nach Entwürfen des in Diensten des sächsischen Herzogs stehenden Architekten Johann Christoph von Naumann geschaffen, nachdem der Turm bei Stadtbränden mehrfach starke Schäden erlitten hatte. Naumann war einer der führenden Architekten des sächsischen Barock. Die Gestaltung mit der spitzen, verzierten Haube, den dekorativen Wappenkartuschen und dem Umgang mit hohen Rundbögen verdeutlicht, dass die Verteidigungsfunktion zu dieser Zeit bereits in den Hintergrund getreten war.

1747 wurde erstmals eine mit der Beschaffenheit des Untergrundes zusammenhängende Neigung des Turmes festgestellt, die sich in der Folgezeit verstärkte. Erst 1953/54 konnte durch Stabilisierungen des Fundaments eine weitere Neigung verhindert werden. Vom Turm hat man einen idealen Blick nicht nur über Bautzen, sondern auch auf das Lausitzer Bergland bis hin zur Landeskrone bei Görlitz und über die Heide- und Seenlandschaft im Norden.

An der Ostseite des Turmsockels ist ein zwei Meter hohes Denkmal Kaiser Rudolfs II. zu sehen. Der sitzende Monarch wird von zwei allegorischen Heroldsfiguren flankiert. Die 1593 geschaffene Plastik befand sich vor dem Abbruch der Befestigungsanlagen am östlichen Rondell des Tores und drückt wahrscheinlich die Unterstützung der Stadtväter für den Krieg des Kaisers gegen die Türken aus.

Rudolf II.
1552–1612, Kaiser des Hl. Römischen Reiches. Der Habsburger war ein Sohn von Kaiser Maximilian II. und Maria von Spanien. Trotz psychischer Labilität wurde Rudolf 1572 zunächst König von Ungarn, 1575 auch böhmischer Monarch. Im gleichen Jahr folgte er seinem überraschend verstorbenen Vater auf den Kaiserthron. Die Residenz verlegte Rudolf 1583 von Wien in den Prager Hradschin. Er galt als schwacher, inaktiver Herrscher, aber als Förderer der Künste und der Wissenschaften.

Rotary Clubs

[4] Liebfrauenkirche

Johannes Capistranus 1386–1456, Wanderprediger. Der aus den mittelitalienischen Abruzzen stammende Giovanni da Capistrano trat nach einer erfolgreichen Juristenlaufbahn 1416 in ein Franziskanerkloster ein und lebte in strenger Askese. Als päpstlicher Inquisitor verfolgte er mit erbarmungsloser Härte Hussiten und andere Häretiker, vor allem aber Juden in mehreren europäischen Ländern. 1690 wurde Capistranus heiliggesprochen.

Die seit 1984 der Dompfarrgemeinde unterstehende Kirche Unserer Lieben Frau ist katholischer Konfession und wird überwiegend von sorbischen Christen genutzt. Zu Ostern beginnt hier der Zug der Bautzener Osterreiter.

Wann das vor dem inneren Mauerring auf dem früheren Salzmarkt gelegene Gotteshaus errichtet wurde, ist nicht eindeutig zu ermitteln. Eine urkundliche Erwähnung ist für 1293 nachweisbar, doch man geht heute von einer Gründung im 11. Jahrhundert aus. Nach dem Dom ist es also die zweitälteste Kirche der Stadt. Bis 1865 war ein Friedhof angeschlossen. Mehrfach wurde die Liebfrauenkirche zerstört, so in den Hussitenkriegen 1429, aber auch 1634 und 1686. Die heutige äußere Erscheinung resultiert aus den Umbauten von 1864 und 1900 im Geschmack der Neogotik. Kriegsschäden von 1945 wurden schnell beseitigt. Das Innere hat wegen der häufigen Zerstörungen kaum kunsthistorisch wertvolle Ausstattungen. 1970 wurden im Ostchor drei Fenster eingefügt, die Gottfried Zawatzki gestaltete.

Links vom Eingang befindet sich an der Außenmauer ein Steinkreuz von 1453. Es erinnert an die Predigten von Johannes Capistranus in Bautzen.

Gottfried Semper
1803–1879, Architekt. 1834 erhielt der junge Semper einen Ruf als Professor für Architektur an die Akademie nach Dresden. 1837 legte er die ersten Entwürfe zur Erweiterung des Zwingers und zum Bau des Hoftheaters vor. 1847 wurde mit dem Bau der Gemäldegalerie begonnen. 1849 mußte Semper wegen seiner Teilnahme am Maiaufstand aus Dresden fliehen. 1855 bis 1871 lebte er in Zürich, dann in Wien. Zu seinen wichtigsten Bauwerken gehören das Hoftheater, die Gemäldegalerie und die Semperoper in Dresden, das Burgtheater und das Kaiserforum in Wien, das Polytechnikum in Zürich und die Alte Kaserne in Bautzen.

[5] Ehemalige Kaserne

Wendet man sich von der Liebfrauenkirche aus wieder der Innenstadt zu und geht Richtung Norden, kommt man an der gelblich verputzten früheren Bürgerschule am Wendischen Graben vorbei, die 1834 errichtet wurde. Dahinter sieht man das heutige Finanzamt (Wendischer Graben 3), das 1842–1844 nach Entwürfen Gottfried Sempers als Kaserne entstand.

Seit 1764 war in Bautzen eine Garnison stationiert. Zur Unterbringung der etwa 350 Soldaten schuf der Dresdner Architekt das Gebäude, dessen historisierende Erscheinung mit den Zinnenkränzen und Türmchen an eine mittelalterliche Burg erinnert. Semper, der später mit dem heute nach ihm benannten Dresdner Opernhaus und mit Bauten in Wien berühmt wurde, war zu dieser Zeit bereits Professor an der Dresdner Akademie und zeichnete wenig später die Pläne für das erste Hoftheater der sächsischen Residenz, das 1869 abbrannte. Das frühere Kasernengebäude dient seit 1933 mit Unterbrechungen als Sitz des Finanzamtes Bautzen.

[6] Wendischer Turm / Wendische Straße

Semper bezog in den Kasernenbau einen Turm der früheren Stadtbefestigung im Sinne einer Spolie ein. Mehr als der Reichenturm verkörpert dieser Wendische

GALERIE
REGIA IMMOBILIEN

Hauszeichen

Turm mit seinem groben Bruchsteinmauerwerk noch ganz den Typus einer mittelalterlichen Wehranlage. Unterhalb des Zinnenkranzes ragen mehrere Pechausgüsse hervor. Der gemauerte obere Abschluss mit der pyramidenförmigen Spitze ersetzte von 1566 an die vorherige hölzerne Spitze, während der Turm selbst und das nicht mehr vorhandene Tor zeitgleich mit dem Reichenturm 1490–1492 errichtet wurden. Ab 1663 diente der Wendische Turm als Schuldgefängnis. Der Name des Turmes wie auch der Wendischen Straße und des Wendischen Grabens leitet sich von einer synonymen Bezeichnung für die Sorben her. Heute befindet sich in diesem Straßenzug an der Ecke zur Kornstraße das sorbische Restaurant »Wjelbik« (Di–Sa 11–15 und 17.30–23 Uhr, So 11–15 Uhr), das typische Gerichte dieser slawischen Minderheit anbietet. Der Name bedeutet »kleines Gewölbe« oder »Vorratskammer«.

In der Wendischen Straße sind mehrere sanierte Bürgerhäuser mit barocken Fassaden zu finden. Besonders bemerkenswert ist das Eckhaus An den Fleischbänken 7, in dem früher mehrere Bürgermeister der Stadt ihren Wohnsitz hatten.

[7] Schülerturm

Geht man vom Eckhaus an der Kornstraße rechterhand die Schülerstraße bergab, sieht man bereits das Schülertor, eines der erhaltenen Stadttore, das von einem rechteckigen Turm mit spitzer Haube überragt wird. Das ursprünglich dem Turm vorgelagerte Rondell mit einem zweiten Tor wurde 1840 abgerissen und der Graben zugeschüttet. Der Turm wurde wohl im 15. Jahrhundert erbaut. Das im Dreißigjährigen Krieg zerstörte Oberteil wurde 1673 in der heutigen Form wieder aufgebaut. Nach einem Blitzschlag 1833 waren Reparaturen und Umbauten nötig. An der stadtauswärtigen Nordseite befindet sich ein Sandsteinrelief, eine Kreuzigungsgruppe darstellend, das aus dem frühen 15. Jahrhundert stammt. Historisch bedeutsam ist das Schülertor als Zugang der »via regia« zur Stadt. Dieser auch Hohe Straße genannte Handelsweg führte im späten Mittelalter vom spanischen Santiago de Compostella bis zur heutigen ukrainischen Hauptstadt Kiew. Der Lage an dieser Straße verdankte die 1002 erstmals urkundlich erwähnte Stadt Bautzen ihre frühe Bedeutung.

[8] Gerberbastei

Jugendherberge: *Übernachtung ab 17,50 Euro, Tel. 03591 40 347*

Durchquert man das Tor des Schülerturms, biegt links ein Weg ab, der an den Resten der Stadtmauer entlangführt. Nach wenigen Metern kommt man zur Gerberbastei (Am Zwinger 1). Der mächtige fünfgeschossige Rundturm aus Granitbruchstein wurde 1503–1506 errichtet und ist damit jünger als die anderen Befestigungsanlagen, mit Mauern von bis zu 3,5 Metern Stärke aber auch eine der massivsten. Auch er diente der Sicherung der »via regia«. Wie die tiefer gelegene Gerberstraße erinnert der Name an die frühere Ansiedlung dieser viel Wasser benötigenden Handwerker außerhalb der Mauern nahe der Spree.

Im Dreißigjährigen Krieg brannte die Bastei beim Abzug der kaiserlichen Truppen 1634 aus, nachdem sie bereits 1620 während der Belagerung Bautzens durch den sächsischen Kurfürsten Johann Georg I. schwer beschädigt worden war. In seiner Geschichte hatten der Turm und das angebaute, zum früheren Zwinger führende Haus außer der Verteidigungsfunktion verschiedene Nutzungen. Die Einrichtung eines Lazaretts während der Pestepidemie 1559 führte zum Beinamen »Siechenbastei«. Seit 1922 hat hier die Bautzener Jugendherberge ihren Standort.

[9] Nikolaitor und Nikolaifriedhof

Führungen zum Nikolaiturm: *ab Mitte April, 3 Euro, Information und Buchung im Museum Bautzen*

Einer der schönsten Orte des alten Bautzen ist ohne Zweifel die Ruine der gotischen Nikolaikirche mit dem angrenzenden Friedhof 25 Meter über dem Tal der Spree. Wie die Gerberbastei und große Teile der Stadt wurde sie bei dem verheerenden Brand zerstört, den der in Wallensteins Diensten stehende kaiserliche Oberst von der Goltz 1634 legen ließ.

Das Patronat des Hl. Nikolaus deutet darauf hin, dass es sich um eine Kirche der Kaufleute handelte. Tatsächlich ist seit 1280 eine Kirche der unter der Burg befindlichen Kaufmannssiedlung bezeugt. Das Gelände für den Neubau und einen zugehörigen Friedhof soll der Ratsherr Hermann von Unaw 1407 gestiftet haben. Noch während der Bauarbeiten gab es 1441 einen Brand, doch bis 1444 konnte die Kirche errichtet werden. 1455 wurde auch der Friedhof geweiht. Die Kirche war ein zweischiffiger Bau. Während die Kirche nach 1634 Ruine blieb und ab 1745 auch der Innenraum für Begräbnisse diente, schuf man 1848–1852 die kleine Kapelle mit einer Glocke neben der Ruine.

Von den Umfassungsmauern des Friedhofs hat man einen schönen Blick über das tief eingeschnittene Spreetal mit seinen historischen Mühlengebäuden wie der Hammermühle von 1862. Unterhalb des Nikolaifriedhofes lädt der terrassenförmig angelegte Bautzener Kräutergarten zu einem Besuch ein.

Der benachbarte runde Nikolaiturm wurde 1522 über einem älteren Tor anstelle eines hölzernen Überbaus errichtet. Nach einem Schaden durch Blitzschlag 1614 reparierte man den Turm erst 1678. Die dabei aufgesetzte so genannte Welsche Haube, also eine Zwiebelkuppel, wurde 1775 durch das heute noch vorhandene Kegeldach ersetzt. Außer dem Stadtwappen aus Sandstein im oberen Teil des Turms fällt der Schlussstein des Torbogens auf, der einen Männerkopf zeigt. Es soll sich um den Stadtschreiber Peter Preischwitz handeln, der 1429 die Stadt angeblich an die Hussiten verraten wollte.

Hussiten
Nach der Verurteilung und Verbrennung des böhmischen Kirchenreformators Jan Hus (um 1370–1415) während des Konstanzer Konzils 1415 kam es zu einer starken Bewegung seiner Anhänger, die 1419 in den ersten Prager Fenstersturz mündete. Wegen der Kreuzzugsbulle des Papstes gegen die Hussiten kam es ab 1420 zum offenen Krieg. 1428 fielen die hussitischen Armeen in die Lausitz und in Sachsen ein, 1429 belagerten sie auch Bautzen. Erst 1434 konnte ein kaiserliches Heer die Hussiten in der Schlacht bei Brüx vernichtend schlagen.

[10] Matthiasturm und Ortenburg

Vom Nikolaifriedhof geht man zurück zur Schlossstraße. An der Ecke zur Brüdergasse fällt das Restaurant »Bautzener Senfstube« (tägl. ab 11 Uhr) auf. Die Herstellung von Senf hat in Bautzen eine lange Tradition und ist noch heute ein wichtiger Wirtschaftsfaktor der Stadt. In der Gaststätte kann man verschiedene Gerichte mit Senf ausprobieren und auch spezielle Sorten des Gewürzes kaufen.

Matthias Corvinus
1443–1490, Herrscher. Der aus altem Adelsgeschlecht stammende Matthias Hunyadi (das latinisierte Corvinus bezieht sich auf den Raben als Wappentier) wurde 1458 mit 14 Jahren König von Ungarn. Obwohl er mit einer Tochter des Böhmenkönigs Georg von Podiebrad verheiratet war, rückte er 1469 in das nach den Hussitenkriegen noch immer geschwächte Nachbarland ein und ließ sich zum Gegenkönig krönen. Damit wurde er auch zum Herrscher der Oberlausitz. Mit seinem plötzlichen Tod 1490 fiel die Krone an seinen Erzrivalen Friedrich III. Auch am Görlitzer Rathaus gibt es ein Relief für Matthias Corvinus.

Wenige Schritte weiter sieht man rechts an der Schlossstraße das »Bautzener Landhaus«, in dem sich heute die Stadtbibliothek befindet. Es wurde 1667/68 als Sitz der Oberlausitzer Stände errichtet. Einige Meter weiter kommt man zur Ortenburg, der Keimzelle der Stadt.

Der 1405 erstmals urkundlich nachweisbare Name Ortenburg deutet vermutlich auf den topografisch vorgeschobenen Platz auf dem Felsplateau hoch über dem Spreetal hin. Eine Besiedlung gab es auf dem Felssporn schon seit der Bronzezeit. Eine Burg wurde 928 durch den deutschen König Heinrich I. gegründet, um das gerade erst eroberte Land der slawischen Milzaner zu kontrollieren. Bei Stadtbränden 1401 und 1441 sowie durch schwedische Belagerungen während des Dreißigjährigen Krieges wurde die Ortenburg schwer beschädigt.

Zu den Wiederaufbaumaßnahmen des späten 15. Jahrhunderts gehört der Matthiasturm. Das Tor, über dem er sich erhebt, war über Jahrhunderte der einzige Zugang zur Burg, eine Zugbrücke führte über den vorgelagerten Schlossgraben. Erbaut wurde der Turm 1483–1486 im spätgotischen Stil. Zu dieser Zeit gehörte die Oberlausitz zum Herrschaftsgebiet des ungarischen Königs Matthias Corvinus. Ein Relief, das den Herrscher darstellt, ist an der stadtseitigen Front des Turms angebracht. Über der lateinischen Jahreszahl 1486 thront der König, die Füße auf einen Löwen gestellt. Zwei Engel halten die Krone. In den Seitenfeldern neben den reich verzierten Säulen sind Wappen von Gebieten und Geschlechtern abgebildet, die zu Corvinus' Reich gehörten: links Galizien, die Hunyadis (seine eigene Familie) und die Luxemburger, rechts die Steiermark, Österreich, Schlesien und die Lausitz. Unter dem gotisch dekorierten Baldachin, in dessen Mittelpunkt nochmals die Krone steht, begleitet von den Wappen Ungarns und Dalmatiens, ist »Mathias Rex« zu lesen. Kopien dieses qualitativ anspruchsvollen Herrscherporträts befinden sich in Budapest, Szeged und dem slowakischen Kralova Lehota. Die hohen spitzbogigen Fenster erscheinen ungewöhnlich für einen Wehrturm. Ihren Grund haben sie in der ursprünglich dahinter befindlichen Schlosskapelle St. Georg, die anstelle einer noch früheren runden Marienkapelle den christlichen Mittelpunkt der Anlage darstellte. Die Schlosskapelle brannte aber schon 1639 aus und wurde nicht wieder hergestellt.

Wasserturm

Durchquert man das Tor des Matthiasturmes, sieht man zuerst das Hofrichterhaus. Es wurde nach den Verwüstungen des Dreißigjährigen Krieges 1649 Sitz der vom Landvogt eingesetzten Richter, die über Personen der ganzen Oberlausitz mit Ausnahme der Sechsstädte juristische Gewalt hatten. Auffällig ist der mehrgeschossige Essenkopf in Renaissanceformen. Durch eine Ausfallpforte neben dem Hofrichterhaus, 1639 während der schwedischen Belagerung eingerichtet, kommt man zum Osterweg, der unterhalb der Ortenburg verläuft.

Am Hauptgebäude der Burg fallen vor allem die Renaissancegiebel mit Schweifwerk auf, die 1698 als Abschluss des Wiederaufbaus des Schlosses von Ezechiel Eckhardt vollendet wurden. Seit 2002 hat das Sächsische Oberverwaltungsgericht seinen Sitz im Hauptbau der Ortenburg. Wichtigster Raum ist der Audienzsaal, dessen Stuckdecke von italienischen Künstlern Mitte des 17. Jahrhunderts gestaltet wurde und wichtige historische Ereignisse der Oberlausitz zeigt.

Zu den ältesten erhaltenen Teilen der Ortenburg gehört der Wasserturm, der aber vom Hof kaum zu sehen ist. Er wurde um 1400 erbaut. Im angrenzenden Gebäude, das von 1740 bis Anfang des 20. Jahrhunderts als Arrest diente, waren unter anderem die legendären Räuberhauptmänner Johannes Karasek und Wenzel Kummer inhaftiert.

Hauptgebäude der Burg

[11] Sorbisches Museum / Serbski muzej

April–Okt. Mo–Fr 10–17 Uhr, Sa–So 10–18 Uhr, Nov.–März Mo–Fr 10–16 Uhr, Sa–So 10–17 Uhr, 3,50/2 Euro, Tel. 03591 27 08 700

1782 wurde das Salzmagazin der Stadt im Gelände der Ortenburg in spätbarocken Formen errichtet. Ab 1834 diente das Gebäude dem Königlich-Sächsischen Appellationsgericht, dem Königlichen Kreisamt und der Kreisdirektion Bautzen als Quartier. Die ab 1879 Landgericht genannte juristische Institution verblieb hier bis 1907. Das Bauwerk war 1869 umgebaut worden. Während des NS-Regimes war hier der Sitz der Bautzener Gestapo.

Ein Wendisches Museum gab es erstmals in Bautzen seit der Eröffnung des Wendischen Hauses am Lauengraben 1904. Das Haus wurde 1945 zerstört, die Sammlung blieb erhalten, da sie nach der erzwungenen Schließung 1937 dem Stadtmuseum angegliedert worden war. Das 1957 in Hoyerswerda neu gegründete »Museum für sorbische Geschichte und Volkskunde« zog 1971 nach Bautzen um und fand 1976 im früheren Salzhaus seinen Platz. 1989 wurde es unter dem historischen Namen »Serbski muzej – Sorbisches Museum« mit neu gestalteter Dauerausstellung wiedereröffnet. Eine weitere Neukonzeption, verbunden mit einer Sanierung des Bauwerkes, erfolgte 2000–2002.

Ernst Rietschel
1804–1861, Bildhauer. Rietschel zählt zu den bedeutendsten deutschen Bildhauern des 19. Jahrhunderts, stilistisch zwischen Klassizismus und Historismus einzuordnen. Aus Pulsnitz stammend, studierte er an der Dresdner Akademie. Er siedelte 1826 nach Berlin über und wurde Schüler von Christian Daniel Rauch. Zu seinen bekanntesten Werken gehören das König-Friedrich-August-Denkmal von 1835 auf dem Dresdner Schloßplatz, das 1857 fertiggestellte Goethe-Schiller-Denkmal in Weimar und die Quadriga des Braunschweiger Schlosses von 1857.

Die Sammlungen und die Dauerausstellung geben einen fundierten Überblick über die Geschichte des sorbischen Volkes, seine Sprache und Literatur sowie Kultur und Lebensweise. Auch Werke sorbischer bildender Künstler gehören zum Bestand. Für Touristen besonders interessant sind die Trachten und andere Objekte des Brauchtums, darunter die filigran verzierten sorbischen Ostereier.

[12] Burgtheater

Spielplan unter www.theater-bautzen.de,
Tel. 03591 584 225

Das Burgtheater ist eine Filiale des Deutsch-Sorbischen Volkstheaters. Der Neubau wurde im September 2003 eröffnet. Er dient in erster Linie als Spielstätte des Puppentheaters, aber auch für Schauspielinszenierungen der kleinen Form. Hinter der großen Glasfassade am Burghof sieht man von außen den Rietschel-Giebel, der 2003 hier seinen Standort gefunden hat. Das Werk des Dresdner Bildhauers Ernst Rietschel war ursprünglich 1840 für das Dresdner Hoftheater geschaffen worden, das 1869 abbrannte. Da der Giebel an Sempers Neubau (1871–1878) nicht mehr passte, wurde er 1905 am Bautzener Schauspielhaus angebracht. Dargestellt ist die Tragödie des Orest als Sinnbild des antiken Dramas. Im Mittelpunkt des 16 Meter langen Reliefs steht Melpomene, die Muse der Tragödie. Eine Licht-, Musik- und Toninstallation mit dem Titel »Die kleine Orestie« von Ralph Oehme bringt dem Besucher die Geschichte näher.

[13] Gersdorffsches Palais

Verlässt man die Burg durch den südlichen, neueren Zugang, sieht man im Staßenverlauf schon ein Haus, das seine Umgebung überragt – das Gersdorffsche Palais.

Die aus dem Oberlausitzer Ort Gersdorf stammende Adelsfamilie von Gersdorff hat mehrere bekannte Persönlichkeiten hervorgebracht, darunter Landvoigte der Oberlausitz sowie Gelehrte. Auch Hans von Gersdorff (1630–1692), Herr auf Weicha und Kammerherr des sächsischen Kurfürsten, war ein bedeutender Privatgelehrter. Zu seiner Sammlung gehörten neben Büchern, Drucken und Zeichnungen auch viele astronomische Geräte. Wertvolle Handschriften sind Abhandlungen von Jan Hus und ein vor 1200 entstandenes Traktat des Augustinus. 1925 ging die Bibliothek in den Besitz der Stadt über.

Hans von Gersdorff ließ sich um 1680 das Stadtpalais im frühen Barockstil errichten. Bei den Räumen für die Bibliothek und Sammlung wurden für die damalige Zeit hohe Ansprüche an die Feuersicherheit gestellt. Der große Saal im ersten Obergeschoss hat eine verzierte Stuckdecke.

Die Fassade fällt mehr durch edle Proportionen als durch üppige Dekoration auf. Zwei schlichte Pilaster untergliedern die siebenachsige Front unter dem

Mansarddach. In der Symmetrieachse befindet sich zwischen den Fenstern der Obergeschosse das bekrönte Familienwappen der Gersdorffs, gehalten von zwei vergoldeten Löwen. Den Rundbogen über dem Portal ziert goldenes Rankenwerk mit einer Kartusche.

Die Wein- und Cocktailbar »Palais G.« und das Restaurant »Vulkanos« laden täglich ab 18 Uhr zum Besuch ein. Die benachbarte »Schloss-Schänke« ist als Gebäude, ursprünglich als Regelhaus dem nahen Kloster zugehörig, seit 1334 nachweisbar und diente wahrscheinlich spätestens seit 1839 als Gasthaus.

[14] Wasserturm und Mönchskirchruine

Das um 1240 gegründete Franziskanerkloster wurde bei den Stadtbränden 1401 und 1441 stark beschädigt, aber wieder aufgebaut. Nach der erneuten Zerstörung 1598 blieb es Ruine. Im ummauerten Bereich richteten später arme Einwohner eine primitive Hüttensiedlung ein, die 1894 abbrannte. In den Resten der Mönchskirche, von der noch gotische Spitzbogenfenster und ein Portal erkennbar sind, ließ die Stadtverwaltung 1877 den Wasserturm mit 1000 m³ Fassungsvermögen errichten. Er war bis 1979 in Betrieb. Der Wasserspeicher wurde 1936 mit schwarz gestrichenem Holz verkleidet, um dem Turm ein etwas gefälligeres Aussehen zu geben.

[15] Domstift mit Domschatzkammer

Mo–Fr 10–12 und 13–16 Uhr,
1. Sa im Monat 10–15 Uhr, Tel. 03591 351 950

Geht man vom Wasserturm die Große Brüdergasse noch einige Schritte weiter, stößt man auf die Siebergasse, in die man links abbiegt. Wieder an der Schlossstraße angelangt, geht man nach rechts etwas bergauf und sieht das prächtige Portal des Domstifts (An der Petrikirche 6).

Im Jahr 1221 gründete Bischof Bruno II. von Meißen das Kollegiatstift St. Petri. Die Bauten wurden mehrfach zerstört, zuletzt 1634 während des Dreißigjährigen Krieges. 1683 ließ Dekan Martin Brückner von Brückenstein die Anlage in Hufeisenform neu aufbauen. Das Hauptportal wurde 1753–1755 unter Dekan Wosky von Bärenstamm errichtet. Im barocken Sprenggiebel sieht man das domstiftliche Wappen, von einer Darstellung der Dreifaltigkeit im goldenen Strahlenkranz überragt und von Darstellungen der Apostel Petrus und Paulus flankiert.

Ein kurioses Detail erblickt man nach Betreten des Hofes. Aus einem Essenkopf des Westflügels klettert eine männliche Figur heraus. Dargestellt ist der Dekan Augustin Widerin. 1619 versuchten evangelische Bürger, das Domstift zu stürmen und die Geistlichen zu vertreiben. Der Dekan soll durch den Kamin geklettert sein, um vom Dach Zeichen zur Ortenburg zu geben, damit Hilfe käme.

Das 1921 wiedererrichtete katholische Bistum Meißen hatte bis 1980 seinen Amtssitz in den Gebäuden. Heute befinden sich Bischöfliches Ordinariat, Archiv und Bibliothek in dem Komplex. Die Domschatzkammer kann besichtigt werden. Es sind wertvolle liturgische Gegenstände aus mehreren Jahrhunderten sowie religiöse Kunstwerke zu sehen.

Schräg gegenüber steht das so genannte Klosterhaus, errichtet 1722 vom Zisterzienserkloster Panschwitz-Kuckau. Über der Tür ist das Wappen der Äbtissin Cordula Sommer angebracht. Das Klosterhaus, das in den Besitz des Domstifts überging, war von 1851 bis 1903 Sitz des Katholischen Lehrerseminars.

[16] Dom St. Petri

April–Okt. Mo–Sa 10–17.30 Uhr, So 13–17.30 Uhr,
Nov.–März Mo–Sa 10–16 Uhr, So 13–16 Uhr,
Turmbesteigung: *April–Dez. Sa 12–18 Uhr,*
So 13–18 Uhr, Tel. 03591 31 180

Durch seine Größe wie auch die Lage auf der höchsten Erhebung der Altstadt ist der Dom im wahrsten Sinne des Wortes herausragend.

Die erste christliche Kirche an dieser Stelle wurde unmittelbar nach der deutschen Eroberung des Milzener-Gebietes um 990 errichtet. Der erste Dombau ging mit der Einrichtung des Kollegiatstifts ab 1213 einher, die Weihe erfolgte 1221. Ab 1237 ist Petrus als Patron belegt, während es zuvor Johannes der Täufer war. Der spätgotische Dom, wie er im wesentlichen bis heute erhalten ist, entstand ab 1430 und wurde 1497 abgeschlossen. Wie große Teile der Altstadt erlitt auch St. Petri bei den Bränden des 15. Jahrhunderts und 1634 schwere Schäden, deren Beseitigung teilweise Jahrzehnte dauerte. Auch die Napoleonischen Kriege und der Zweite Weltkrieg hinterließen Zerstörungen. Vorsätzliche Schäden wurden durch die neogotische Umgestaltung unter Herrmann Knothe-Seek 1883 bis 1887 im Interesse einer »Stilbereinigung« angerichtet. Im Dom fanden ab 1524 auch evangelische Gottesdienste statt, 1543 wurde die parallele Nutzung durch beide Konfessionen vertraglich geregelt. St. Petri war damit die erste Simultankirche Deutschlands. Die Schranke zwischen beiden Teilen wurde in der Geschichte mehrfach verändert, ist aber auch heute vorhanden. Seit 1980 befindet sich der katholische Bischofssitz nicht mehr in Bautzen, der Dom ist seitdem Konkathedrale des Bistums Dresden-Meißen.

Auffälligste Besonderheiten des Innenraumes sind der Knick in der Längsachse und das 1456–1463 asymmetrisch angefügte vierte Schiff im Süden. Wie viele spätgotische Kirchen Sachsens gehört St. Petri zum Typ der Hallenkirche, bei der die Schiffe gleich hoch sind. Dadurch und wegen des Fehlens eines Querschiffes wirkt der Raum sehr einheitlich. Die Farbigkeit der Kreuzungspunkte zwischen den Gewölberippen wurde bei der Sanierung 1950–1953 nach restauratorischen Befunden wiederhergestellt.

Der 1723 geschaffene barocke Hochaltar im Chor, der zum katholischen Teil des Doms gehört, ist ein Werk des Italieners Giovanni Maria Fossati. Die Plastiken schuf Benjamin Thomae, die Bilder der Dresdner Hofmaler Giovanni Antonio Pellegrini. Im Mittelpunkt der Darstellung steht die Schlüsselübergabe von Christus an Petrus.

Weitere katholische Altäre sind der hölzerne Sakramentsaltar von Jan Hajek von 1783 und der Marienaltar, eine spätgotische Arbeit aus der Mitte des 15. Jahrhunderts. Beide befinden sich im Chorumgang. Ein besonderes Kunstwerk ist das von Balthasar

Johann Georg I.
1585–1656, Herrscher. Der Wettiner war ab 1611 Kurfürst von Sachsen und Erzmarschall des Heiligen Römischen Reiches. Obwohl er protestantisch war, verbündete er sich zu Beginn des Dreißigjährigen Krieges mit Kaiser Ferdinand II. Trotz zwischenzeitlicher Bündnisse mit den Schweden 1635 wurde Johann Georg im Frieden von Prag mit den beiden Lausitzen belehnt, was im Westfälischen Frieden 1648 bestätigt wurde. Böhmische Exulanten gründeten 1654 im Erzgebirge das nach ihm benannte Johanngeorgenstadt.

Permoser geschnitzte Kruzifix von 1713/14. Es hängt über einem kleinen Altar an der Südseite des evangelischen Teils. Die daneben stehende Mater Dolorosa ist eine süddeutsche Arbeit aus dem 18. Jahrhundert. Der Abendmahlsaltar an der Ostwand des Südschiffes stammt von Johannes Kreuter, geschaffen 1596.

Jüngeren Datums ist die evangelische Kanzel. Sie stammt von 1817 und wurde vom Bautzener Bildhauer Wilke in weiß und golden gefasstem Holz gestaltet. In der südwestlichen Ecke des Langhauses fällt eine mit Schnitzwerk verzierte hölzerne Empore auf, die sogenannte Fürstenloge. Nachdem der sächsische Kurprinz Johann Georg II. zum Landvogt der Lausitz ernannt wurde, ließen die Lausitzer Stände 1673/74 diese Loge in der Hoffnung errichten, der Fürst würde in Bautzen residieren.

Ältester erhaltener Bauteil des Domes ist der quadratische Unterteil des Turmes aus dem zweiten Viertel des 13. Jahrhunderts. Die oberen Geschosse sind hochgotisch, die Haube mit dem spitzen Helm hingegen schuf Ratsbaumeister Martin Pötzsch erst 1664–1666. Insgesamt ist der Turm fast 84 Meter hoch, 238 Stufen führen bis auf Höhe der Haubenfenster. Noch heute ist die Türmerwohnung in halber Höhe in Benutzung.

Auf dem Fleischmarkt vor dem Dom steht ein Wassertrog von 1611. Die Brunnenfigur eines unbekannten Künstlers stellt Johann Georg I. dar, während dessen Regierungszeit Ober- und Niederlausitz 1635 zu Sachsen kamen.

[17] Rathaus

Das erste steinerne Rathaus ließ der böhmische König Ottokar I. bereits 1213 für »sieben Schöffen« errichten. Das Gewölbe diente zugleich den Tuchmachern als Kaufhaus. Rat und Bürgermeister sind erstmals 1296 urkundlich erwähnt. Seit 1346 war das Rathaus zudem Sitz des neu gegründeten Sechsstädtebundes. Um die Wende zum 15. Jahrhundert kam es mehrfach zu Aufständen der Handwerker, die mehr Einfluss forderten. 1408 ließ König Wenzel, der selbst in die Stadt kam, mindestens 15 Rädelsführer enthaupten.

Der Turm wurde 1489–1493 errichtet und erhielt 1525 die erste Turmuhr. 1583 setzte man ein Stockwerk auf und schuf den steinernen Umgang. Das Rathaus wurde beim großen Brand 1634 und ein weiteres

Caspar Peuker
1525–1602, Gelehrter. Der in Bautzen geborene Peuker ging 1540 nach Wittenberg und wohnte im Haus Philipp Melanchthons, dessen Tochter Magdalena er 1550 heiratete. 1560 berief man ihn zum Rektor der Universität Wittenberg, ab 1570 war er Leibarzt des sächsischen Kurfürsten August. Nach zwölf Jahren Haft wegen seines Bekenntnisses zum Calvinismus wurde er Leibarzt am anhaltischen Hof in Dessau, wo er auch starb. Seine oberlausitzer Heimat hatte er in der Dichtung »Patria« besungen.

Mal 1704 zerstört. 1705 erfolgte der Wiederaufbau in Barockformen, wobei auch der Turm seine jetzige dreietagige Haube bekam.

Wenig später, bereits 1729, bekam Johann Christoph Naumann den Auftrag für eine erneute Umgestaltung des Rathauses, die 1732 abgeschlossen wurde. Auffälligste Neuerung war dabei das große Treppenhaus an der Seite zum Fleischmarkt mit den Pilastern und Halbsäulen, die den hohen Giebel tragen. Die Südseite am Markt erhielt ihre heutige Gestalt erst 1863.

Die Sonnenuhr an der Südseite des Turmes zeigt neben der Zeit auch das Datum sowie die Tages- und Nachtlänge an. Weiter oben, neben der modernen Uhr, erkennt man einen aus Stein gehauenen kleinen Turban. Er wurde 1683 als Dank für den Sieg in der Schlacht von Wien angebracht, bei der sächsische und polnische Truppen den Vormarsch der Türken in Europa zum Stehen brachten.

[18] Hauptmarkt

Eine Marktstadt als Erweiterung des Burgbezirks nehmen heutige Historiker für die Zeit um 1200 an, auch wenn es bereits Jahrzehnte zuvor eine Kaufmannssiedlung unterhalb der späteren Nikolaikirche gegeben haben muss. Vor Errichtung des Rathauses nahm der Markt die ganze Fläche zwischen dem Vorgängerbau des Doms und der verlängerten Reichenstraße ein. Heute bildet der Bautzener Markt ein bemerkenswertes Ensemble historischer Bauwerke aus verschiedenen Jahrhunderten.

Unmittelbar rechts neben dem Rathaus steht das Stadthaus, dessen Vorgänger wohl 1333 errichtet wurde. 1514 wurde es nach einem Brand neu aufgebaut und diente in den folgenden Jahrhunderten diversen Zwecken, unter anderem als Hauptsteueramt. Seit 1732 war dem Stadthaus die Hauptwache vorgelagert, die 1893 wieder abgetragen wurde. Im Pflaster erkennt man noch die Umrisse.

Im benachbarten Haus am Beginn der Kornstraße lebte und starb der Arzt Dr. Gregorius Mättig (1585 bis 1650). Mättig kehrte nach Medizinstudium und Promotion in verschiedenen Städten nach Bautzen zurück, wurde Aufseher der Apotheken und Stadtrat. Einen großen Teil seines Vermögens stiftete er für gemeinnützige Zwecke, auch seine Bibliothek.

Geht man wenige Schritte in die Kornstraße hinein, sieht man eine kleine Bronzebüste. Sie stellt den deutsch-sorbischen Gelehrten Caspar Peuker dar.

An der Ostseite fällt ein besonders schmales Haus auf, das deswegen »das Handtuch« genannt wird. Es wurde um 1480 errichtet. Die Schmuckfassade des Nachbarhauses hingegen stammt aus dem Barock.

Auch die sanierten Häuser an der gegenüberliegenden Westseite des Marktes erhielten ihr heutiges Aussehen beim Wiederaufbau nach dem Stadtbrand von 1709. Dazu gehört die Stadtapotheke. Als erster Apotheker war Kaspar Montag 1542 aus Dresden vom Rat der Stadt berufen worden. 1586 zog Bartholomäus Fritsch, einer seiner Nachfolger, an den Hauptmarkt um, zugleich erhielt er das Privileg, die einzige Apotheke der Stadt betreiben zu dürfen. Im Inneren des Gebäudes sind noch Fragmente aus Gotik und Renaissance erhalten.

Das benachbarte Hotel »Goldener Adler« stammt in der Substanz von 1540, wurde aber ebenfalls nach 1709 umgestaltet. Nach umfassender Sanierung konnte es 1995 wiedereröffnet werden. Das Restaurant des 4-Sterne-Hotels empfängt die Gäste in historischen Kreuzgewölben.

An der Südseite des Hauptmarktes steht seit 1995 wieder ein 1855 abgebrochener Figurenbrunnen. Er wurde 1572–1575 von Wenzel Röhrscheidt d. Ä. geschaffen, die Figur schuf der Dresdner Bildhauer Hans Walther. Wer der dargestellte »Ritter Dutschmann« war, ist unbekannt.

[19] Reichenstraße

Seit 1399 ist der deutsche Name belegt, schon vierzig Jahre vorher war »plates divitum« als ein bevorzugter Wohnort der Wohlhabenden bezeichnet worden. Der Straßenzug hinter dem starken Reichentor, der seinen heutigen Verlauf nach 1634 erhielt, war Handelsplatz und wichtige Verkehrsader hin zum Markt. Die meisten Barockfassaden stammen aus der Zeit nach den Bränden 1709 und 1720. Die Reichenstraße wurde 1981 in einen Fußgängerboulevard umgestaltet, wobei viele Häuser saniert wurden. Aufwändig dekorierte Fassaden und Hauszeichen weisen auf die frühere Bedeutung hin. Im Haus Nr. 4 befand sich von 1833 bis 1898 das Hauptpostamt der Stadt.

[20] Gewandhaus

Bautzen erhielt als aufstrebende Handelsstadt an der »via regia« 1284 von den brandenburgischen Markgrafen Otto und Konrad das Privileg verliehen, das erste Kaufhaus der Oberlausitz errichten zu dürfen. 1472–1482 wurde es durch einen größeren Neubau ersetzt, in dem auch Ratswaage und Ratsweinkeller Platz fanden. Nach dem Stadtbrand 1634 konnte das Gewandhaus erst 1667 wieder aufgebaut werden. Für den Neubau in Formen der Neorenaissance, den die Dresdner Architekten Ernst Giese und Paul Weidner entworfen hatten, wurde bis auf die Kellergewölbe das gesamte historische Bauwerk abgetragen; 1883 war die Fertigstellung. Im Ratskeller kann man noch das auf einem einzigen Mittelpfeiler ruhende gotische Sterngewölbe bewundern. Schwere Schäden erlitt das Gewandhaus bei einem Brand 1976. So wurde der große Bürgersaal mit Wandbildern von 1903/04 vernichtet. Beim Wiederaufbau wurde die Gestaltung des Bauwerkes verändert. Heute befinden sich Teile der Stadtverwaltung, darunter das Standesamt, im Gewandhaus.

[21] Hartmannsches Haus und Monse-Verlagshaus

Erst Ende des 19. Jahrhunderts erhielt das voluminöse Gebäude an der Ecke Heringstraße/Innere Lauenstraße diesen Namen nach dem damaligen Besitzer, während es im Volksmund auch als »Jahreshaus« bekannt ist, da es vier Treppen, 12 Schornsteine, 52 Räume und 365 Fenster haben soll. Der vom böhmischen Barock beeinflusste Bau wurde 1720–1724 errichtet. Über dem Portal symbolisieren zwei weibliche Sandsteinskulpturen die irdische und die göttliche Wahrheit. Das von Putten flankierte »glückhafte Schiff« deutet darauf hin, dass der Bauherr ein Fernhändler war.

Nicht nur architektonisch, sondern auch geschichtlich ist das Haus bemerkenswert, denn es diente mehreren Monarchen als Unterkunft: 1745 Friedrich II. von Preußen, 1807 und 1813 Kaiser Napoleon, 1813 Zar Alexander von Russland sowie 1823, 1827 und 1829 den sächsischen Königen August I. und Anton.

Das 1552 entstandene Nachbarhaus in der Inneren Lauenstraße gehörte zunächst dem Buchdrucker Nikolaus Wohlrab, ab 1786 dem Verleger Monse. 1574 wurde hier ein Katechismus als erstes Buch in sorbischer Sprache gedruckt.

[22] Alte Wasserkunst

April–Okt. 10–17 Uhr, Nov.–März 10–16 Uhr

Die Heringstraße entlanggehend, kommt man zu einer Treppe, die zum Ensemble Alte Wasserkunst / Michaeliskirche hinabführt. In ihrer vorgeschobenen Position über dem Tal ist die Alte Wasserkunst zum bekanntesten Wahrzeichen Bautzens geworden. Wegen der Lage der Altstadt auf dem hohen Felssporn konnten im 15. Jahrhundert die vorhandenen Brunnen nicht mehr die Wasserversorgung der aufblühenden Stadt gewährleisten. So wurde der Franziskanermönch Martin Gregor mit dem Bau einer »Wasserkunst«, d.h. eines Pumpwerkes, beauftragt. 1496 war das Bauwerk vollendet. Eine Sage erzählt, dass der Mönch flüchtete, weil kein Wasser floss. Auf dem südlich von Bautzen gelegenen Drohmberg (»Traumberg«) soll er geträumt haben, dass ein Frosch die Leitung verstopfe. Er schlich sich heimlich zurück und entfernte das Hindernis.

Sechsstädtebund
Zum Schutz vor dem Raubrittertum verbündeten sich 1346 die sechs oberlausitzer und niederschlesischen Städte Görlitz, Bautzen, Zittau, Lauban, Löbau und Kamenz. Kaiser Karl IV. verlieh dem Bund 1355 weitreichende Rechte, die ihn zum Hüter des Landfriedens in der Region machten. Konkurrenzkämpfe zwischen den Städten schwächten die Allianz mehrfach, die größte Krise kam 1547, als der böhmische König Ferdinand mit dem »Pönfall« wegen mangelnder Unterstützung im Schmalkaldischen Krieg alle Privilegien einzog.

Johannes Karasek
1764–1809, Räuber. Der auch als Böhmischer Hansel bekannte Karasek, geboren in Prag, desertierte aus dem böhmischen Heer und floh in die Oberlausitz, wo er bei böhmischen Glaubensexulanten Schutz fand und sich der Räuberbande des Hauptmanns Palme anschloss. Nach dessen Tod wurde er Anführer der Bande, die vor allem Begüterte ausraubte. 1800 wurde Karasek nach einem Überfall auf das Oberleutersdorfer Gut gefasst und bis 1803 auf der Ortenburg Bautzen im Burgwasserturm inhaftiert. In Wenzel Kummer fand er einen Nachfolger als Räuberhauptmann, der aber bereits 1803 verhaftet wurde.

Der hölzerne Turm brannte 1515 ab. 1558 erbaute Ratsbaumeister Wenzel Röhrscheidt d.Ä. die Wasserkunst in Stein und band sie als Wehrturm in die Stadtbefestigung ein. Im unteren Teil umzieht ein geschlossener Wehrgang das Bauwerk. Kolbenpumpen förderten das Wasser der Spree, später Grundwasser, in einen Kupferkessel an der Turmspitze. Das Reservoir befindet sich fünf Meter höher als der Fleischmarkt, wohin das Wasser über Leitungen in den noch heute vor dem Dom zu sehenden Trog floss. Erst 1965 wurde die Tätigkeit eingestellt. Doch das Pumpwerk funktioniert nach einer Restaurierung noch heute und kann besichtigt werden. Von Mai bis Oktober gibt es im Turm außerdem Wechselausstellungen zu sehen.

[23] Michaeliskirche

Direkt neben der Alten Wasserkunst steht die Michaeliskirche auf dem Gelände des so genannten Wendischen Kirchhofes.

1429 wurde als Dankbarkeit für die abgeschlagene Belagerung durch die Hussiten eine Kapelle errichtet. Das Patronat des Erzengels Michael bezieht sich auf die Sage, dass der Engel bei der Verteidigung der Stadt geholfen haben soll. Westlich an diese Kapelle wurden ab 1493 Langhaus und Turm angebaut und 1520 vollendet. Da wenig später die Reformation auch in der Oberlausitz eingeführt wurde, blieb die Kirche längere Zeit ohne Funktion. Seit 1919 ist St. Michael die Kirche der evangelischen Sorben Bautzens.

Im Dreißigjährigen Krieg wurden 1634 nur das Dach und die Turmhaube beschädigt, obwohl in der Kirche Schießpulver eingelagert war. Die charakteristische Bekrönung mit dem Wehrgang schuf man von 1682–1685. Bei der Sanierung von 1964 bis 1976 wurden Umbauten des 19. Jahrhunderts im Innenraum wieder beseitigt und Deckenmalereien von 1498 freigelegt. Der barocke Altar stammt von 1693.

[24] Mühltor und Mühlbastei

Von der Michaeliskirche und der Alten Wasserkunst aus sieht man in nördlicher Richtung das Mühltor, einen der Durchgänge in der Stadtmauer. Der Name verweist auf die im darunter liegenden Spreetal

teilweise noch heute vorhandenen Mühlenbetriebe. Der rechteckige Torturm wurde um 1500 errichtet und schützt den Weg, der vom Tal heraufkommt. Der Eselsberg, auf dem sich Mühltor, Wasserkunst und Kirche befinden, hat seine Bezeichnung vom damals üblichen Transportmittel für Mehl und Getreide. Die ehemalige Wächterstube in dem aus Granitblöcken gebauten Turm dient heute als Vereinsstube.

Geht man den steil abwärts führenden Weg, sieht man vor der Ortenburg mit dem markanten Burgwasserturm einen weiteren früheren Verteidigungsturm, die Mühlbastei. Sie stammt von 1468. Im 19. Jahrhundert wurde sie von der Garnison als Turnhalle genutzt, bevor sie der Besitzer der nahen Großen Mühle 1847 zum Magazin umrüstete. Heute ist der ausgebaute mittelalterliche Turm ein privates Wohngebäude.

Am Flußufer angekommen geht man den Weg in Richtung Süden und sieht die Alte Wasserkunst von unten. Rechts führt die kleine Scharfenwegbrücke über die Spree. Sie liegt im Verlauf des die »via regia« kreuzenden Böhmischen Steiges (auch als Alte Prager Straße bekannt), der im Mittelalter als Handelsweg über das Lausitzer Bergland bis in die böhmische Hauptstadt führte. Der Hang auf der anderen Seite ist die sogenannte Seidau, ein 1922 eingemeindeter Ort im früheren Burglehn, der sich zum Protschenberg mit seiner Friedhofskapelle hinzieht.

[25] Hexenhäuschen

Unterhalb des Eselsberges steht ein einzelnes altes Haus, das mehrere Stadtbrände überlebt hat. Das frühere Wohnhaus eines Spreefischers stammt wohl aus dem 16. Jahrhundert. Die Bezeichnung Hexenhäuschen wurde dem schiefwinkligen Gebäude mit dem steilen Satteldach um 1900 von romantisch eingestellten Künstern zugedichtet, bezieht sich aber auch auf die angebliche Segnung durch eine Zigeunerin, die es vor Feuerschäden bewahrte.

[26] Lauenturm

***Turmführungen** mit dem Türmer Andreas Thronicker:*
Mi 10–12.30 und 13.30–17.30 Uhr,
Sa 13.30–17.30 Uhr

Geht man den schmalen Weg vom Hexenhäuschen wieder bergauf, sieht man auf der rechten Seite einen weiteren Turm der alten Stadtbefestigung. Es ist die 1469 von Wenzel Röhrscheidt erbaute und nach ihm benannte Bastei. Sie gehört seit 1952 zum Sitz des Sorbischen Nationalensembles und beherbergt den Trachtenfundus.

Der Weg geht in Treppen über und führt zur Fischerpforte, die seit 1500 diesen Zugang zur ummauerten Stadt verschließt. Das Torhaus wurde allerdings 1870 abgebrochen. Wenig später kommt man an einem rötlich verputzten Gebäude vorbei. Das frühere Zollhaus wurde 1766 errichtet, um von Besuchern der Stadt und Händlern die Generalakzise, eine Art Binnenzoll, einzunehmen. In diesem 1859 privatisierten Haus lebte die Bautzener Heimatmalerin Friedel Schmidt-Möser (1906–1985).

Der Lauenturm wurde 1400–1403 neben dem 1827 abgebrochenen gleichnamigen Tor errichtet und ist damit der älteste Befestigungsturm der Stadt. Der Name ist abgeleitet vom Löwen des böhmischen Wappens, das sich früher am Turm befand. Der Landvogt hatte dem Rat eigentlich den Bau des Turmes untersagt, wollte jedoch auf der Ortenburg einen Verteidigungsturm errichten und hatte dafür bereits Steine eingelagert. Diese ließ der Stadtrat während der Abwesenheit des Landvogtes beschlagnahmen mit der Begründung, sie seien auf städtischem Territorium gebrochen worden. Damit wurde der Lauenturm errichtet. Er diente ab 1543 als Gefängnis für Schwerverbrecher, seine Stundenglocke war auch Armesünderglocke bei Hinrichtungen. Nach einem Brand 1720 erhielt der Lauenturm 1739 die barocke Haube. Seit 2009 hat er wieder einen Türmer, der auch Stadtführungen in historischem Gewand anbietet.

1913 wurde an der Südseite ein Reiterstandbild König Alberts angebracht, eine Arbeit von Walter Hauschild.

König Albert von Sachsen
1828–1902, Herrscher. Der Sohn Johanns von Sachsen und Amalie Auguste von Bayern galt als begeisterter Militär und nahm als Offizier am Schleswig-Holsteinischen Krieg 1849, am Deutschen Krieg 1866 und am Deutsch-Französischen Krieg 1870/71 teil. Als er 1873 nach dem Tod seines Vaters sächsischer König wurde, führte er die Integration des Landes in das Kaiserreich fort. Seine Ehe mit Carola von Wasa-Holstein-Gottorp blieb kinderlos, so dass nach seinem Tod sein Bruder Georg König wurde.

[27] Friedensbrücke

Vom Lauenturm aus lohnt sich ein Abstecher zur Friedensbrücke, weniger wegen architektonischer Besonderheiten des Bauwerk als vielmehr wegen des typischen »Postkartenblicks« auf die gesamte Altstadt, der von hier aus am schönsten ist.

Bis zum Beginn des 20. Jahrhunderts lief der von Westen kommende Verkehr über die Heilige-Geist-Brücke und die Hammermühlenbrücke Richtung Innenstadt. Bautzen war zu dieser Zeit zur florierenden Industriestadt geworden, eine neue Verbindung über das Spreetal machte sich erforderlich. 1909 weihte König Friedrich August III. die Kronprinzenbrücke

ein, die nach Plänen von Bauamtsmann Dr. Ing. Artur Speck in zweijähriger Bauzeit errichtet wurde. In 20 Metern Höhe überspannt sie das Spreetal auf einer Länge von 181 Metern.

Wie sämtliche 17 Brücken der Stadt sprengte die Wehrmacht am 20. April 1945 auch die Kronprinzenbrücke. Bis 1949 wurde sie unter schwierigen Bedingungen wieder aufgebaut und erhielt den Namen Friedensbrücke.

[28] Neue Wasserkunst

Da die Alte Wasserkunst den Bedarf der wachsenden Stadt nicht mehr decken konnte, schuf Ratsbaumeister Wenzel Röhrscheidt d.J. (um 1550–1616), Sohn des namensgleichen Amtsvorgängers, 1606–1610 ein weiteres derartiges Pumpwerk.

Die steinerne Kuppel auf dem 45 Meter hohen Turm ersetzt seit 1725 einen hölzernen Aufbau, der bei Kampfhandlungen des Dreißigjährigen Krieges zerstört worden war. 1890 wurde die Anlage stillgelegt, doch sind Turm, Werkhaus und Röhrengang gut erhalten.

Jurij Brězan
1916–2006, Schriftsteller. Brězan war der bekannteste sorbische Schriftsteller des 20. Jahrhunderts. Er stammte aus dem kleinen Dorf Räckelwitz und besuchte ab 1928 das Gymnasium an den Schilleranlagen in Bautzen. Wesentliche Teile seines Buches »Der Gymnasiast« handeln hier. Neben zeitgenössischen Themen griff er in verschiedenen Texten die sorbische Sage des Zauberers Krabat auf, die mehrfach verfilmt wurde.

[29] Schilleranlagen und Deutsch-Sorbisches Volkstheater

Spielplan unter www.theater-bautzen.de
Kartentel. 03591 584 2252

Wenige Meter hinter der Neuen Wasserkunst biegt die Schillerstraße von der Lauenstraße ab. Sie folgt dem Verlauf der ehemaligen äußeren Wallanlagen, die 1859–1860 eingeebnet und in einen Park umgewandelt wurden. Heute sind die langgestreckten Schilleranlagen am Rande der Innenstadt ein beliebtes Ziel der Bautzener für Spaziergänge. Die Abschnitte des Parks sind thematisch untergliedert und mit Gewächsen aus verschiedenen Erdzonen bepflanzt, die auf Schrifttafeln erläutert werden.

Am Rande der Schilleranlagen steht das Deutsch-Sorbische Volkstheater (Seminarstraße 12). Es wurde 1975 als Ersatz für das 1968 abgerissene Stadttheater am Lauengraben eingeweiht. Es ist das einzige binationale Dreisparten-Theater in Deutschland. 2006 wurde es nach Umbauten wieder eröffnet. Das Burgtheater (siehe Nr. 12) ist eine Filiale, zudem erfreut sich der Theatersommer im Hof der Ortenburg großer Beliebtheit. Vor dem sachlichen Theaterbau steht in der Nähe der Springbrunnenanlage eine schlanke Stele, die an die 1000-Jahrfeier Bautzens erinnert, die 2002 begangen wurde.

1000 JAHRE
BAUTZEN
BUDYŠIN

[30] Friedrich-Schiller-Gymnasium

Die frühere Realschule I. Ordnung wurde am 26. September 1901 eingeweiht. 1922 öffnete hier die erste deutsche Schulsternwarte. Das repräsentative Hauptgebäude an der Schillerstraße ist im neogotischen Stil gehalten. Zwei Turnhallen schließen sich an, auch die frühere Pestalozzi-Schule wurde in den Komplex des heutigen Gymnasiums mit mathematisch-naturwissenschaftlichen Profil einbezogen, das seit 1947 den Namen Friedrich Schillers trägt. In der Aula befindet sich eine Orgel der Bautzener Firma Eule.

[31] Postplatz

Von den Schilleranlagen führt der Weg in nördlicher Richtung zum Postplatz. Den Namen hat er nach dem Gebäude der Hauptpost, das 1887/88 errichtet wurde (Postplatz 1). Bei der Schlacht um Bautzen im April 1945 wurde es zerstört. Der Neubau entstand 1951–1954 im sachlichen Stil mit einem Sgrafitto von Emil Pischel, das Postboten auf fünf Kontinenten und eine Sorbin darstellt. Im Foyer befindet sich die Glasmalerei »Die Post im Wandel der Jahrhunderte« nach Entwurf von Karl W. Schmidt.

An der gegenüberliegenden Platzseite steht das Haus der Sorben (Postplatz 2). Das frühere »Wendische Haus / Serbski dom« am Lauengraben wurde Opfer des Krieges. So erwarb der Wissenschaftsverein »Macica Serbska« das Areal der ebenfalls zerstörten Lessingschule. Zum 100-jährigen Vereinsjubiläum 1947 konnte der Grundstein für den Neubau gelegt werden. 1956 wurde das Haus der Sorben eröffnet. Eine den Brigadier Pawol Senkar darstellende Plastik von Konrad Sende an der Ostseite erinnert daran, dass sorbische Jugendliche in großem Umfang freiwillige Aufbauarbeit leisteten. Das Glasmosaik im Foyer zeigt sorbische Bräuche im Jahresablauf, gestaltet von Mercin Nowak-Njechomski. Der Bund Lausitzer Sorben mit dem Namen »Domowina« hat im Gebäude ebenso seinen Sitz wie »Macica Serbska«.

An der anderen Platzseite, am Beginn der Goschwitzstraße, lädt das »Café Marx«, eine Konditorei mit einhundert Jahren Tradition, zu süßen Spezialitäten, aber auch zum Mittagstisch ein (Mo – Sa 6 bis 19 Uhr, So 7–19 Uhr).

Entlang der belebten Karl-Marx-Straße mit vielen Geschäften führt die Tour zurück zum Kornmarkt.

Empfehlungen

Senfmuseum

Fleischmarkt 5, Mo–So 10–19 Uhr, Tel. 03591 597 118

In der Manufaktur mit Museum kann man die Geschichte der traditionsreichen Bautzener Senfherstellung nacherleben. Zu den Exponaten gehört eine 1,3 Tonnen schwere Senfmühle aus dem 19. Jahrhundert. Die originale Ladeneinrichtung im Biedermeierstil ist nicht nur Dekoration, hier kann man tatsächlich diverse Senfsorten verkosten und auch kaufen.

Wallstraße

Wie es der Name sagt, folgt der Straßenzug dem früheren Wall in Fortsetzung der Schilleranlagen. An den Resten der äußeren Stadtmauer ist noch eine Zinne zu sehen, die der Verteidigung diente. Im nördlichen Teil des Parks mit alten Bäumen findet man einen großen eiszeitlichen Findling aus Granit.

Maria-und-Martha-Kirche

August-Bebel-Platz, Tel. 03591 36 970

Seit dem 14. Jahrhundert gab es eine Hospitalkirche gleichen Namens, die mehrfach zerstört wurde. Die evangelische Katechismus- und Garnisonskirche am jetzigen Standort wurde 1888–1891 im neogotischen Stil errichtet. Eine neue Eule-Orgel mit 34 Registern und 2691 Pfeifen baute man 1985 ein.

Villa Weigang

Weigangstraße 1, Tel. 03591 597 922

1903 ließ der Unternehmer Eduard Weigang die Villa als Hochzeitsgeschenk für seinen Sohn Rudolf errichten. Sie ist zusammen mit dem umgebenden Garten ein bedeutendes Gesamtkunstwerk des Jugendstils, entworfen vom Dresdner Architekten Prof. Alvin Anger. Nach jahrzehntelanger Zweckentfremdung kann das sanierte Haus heute für Hochzeiten und andere Events gemietet werden.

Taucherkirche und Friedhof

Löbauer Straße, Tel. 03591 36 970

Eine zuvor im kommunalen Taucherwald beim Dorf Uhyst befindliche Kapelle wurde 1550 nach Bautzen umgesetzt und 1587 durch ein Hospital erweitert. 1599 musste die Kirche nach Sturmschäden neu erbaut werden, der Dachreiter kam 1662 hinzu. Den Friedhof gibt es seit 1523. Er hat beeindruckende Grabdenkmäler und eine barocke Gruftstraße.

Gedenkstätte Bautzen

Weigangstraße 8a, Mo–Sa 10–16 Uhr, Tel. 03591 40 474
Die berüchtigte Strafvollzugsanstalt Bautzen II wurde 1902–1906 als Anbau des Gerichtsgebäudes gebaut. Ab 1956 diente es der Staatssicherheit der DDR als Gefängnis für Regimekritiker und andere politische Gefangene, die zum Teil unter Isolationshaft gehalten wurden. 1992 wurde die Strafvollzugsanstalt geschlossen, heute erinnert die Gedenkstätte an das Schicksal der Häftlinge.

Protschenberg

Auf dem Hügel links der Spree gegenüber der Ortenburg befand sich eine bronzezeitliche Burgwallanlage. 1789 wurde der kleine Friedhof geweiht, 1884 die zugehörige Kapelle. Zu Ostern findet hier seit Jahrhunderten der Brauch des Eierschiebens statt, bei dem herunterrollende hartgekochte Eier oder andere runde Dinge von Kindern am Fuß des Berges aufgefangen werden.

Talsperre Bautzen

Nördlich der Stadt wurde die Spree durch einen 1969 bis 1975 gebauten Damm angestaut, wofür die Bewohner von zwei Dörfern umgesiedelt werden mussten. Am entstandenen See gibt es Badestrände, auch Wassersport ist möglich. Um den See führt ein Wanderweg.

Saurierpark Kleinwelka

OT Kleinwelka, Saurierpark 1,
April–Okt. täglich 9–18 Uhr, Tel. 035935 3036
1981 öffnete der aus einer privaten Initiative hervorgegangene Park. Über 200 Nachbildungen urzeitlicher Tiere sind in Originalgröße zu besichtigen, darunter der 15 Meter hohe Brachiosaurus. Wasserspiele, Riesenrutsche, Planetenspielplatz und andere Attraktionen ergänzen die Freizeitanlage.

Schloß Neschwitz

Gemeinde Neschwitz, Park 1, Tel. 035933 3860
Das Barockschloss ließ sich der in Diensten August des Starken stehende Herzog Friedrich Ludwig von Württemberg-Teck 1721–1723 als Sommerresidenz errichten. Das Schlossgebäude wird durch vier Pavillons und mehrere Wirtschaftsbauten ergänzt. Es schließen sich ein französischer Barockgarten und ein englischer Landschaftspark an. Sehenswert ist auch die benachbarte Dorfkirche von Neschwitz.

Bautzen an einem Tag. Ein Stadtrundgang
2. aktualisierte Auflage, 2013

Text: Jens Kassner
Karte: Torsten Pape
Fotos: Jens Kassner, Verlagsarchiv
Gestaltung, Satz: Gabine Heinze, TOUMAart
Herstellung: Bosch-Druck GmbH, Ergolding

Umschlag:
1 Alte Wasserkunst und Michaeliskirche
2 Hauptmarkt mit Rathaus
3 Wendischer Turm
4 Sonnenuhr am Dom
5 Bautzen 1850

© Lehmstedt Verlag, Leipzig, 2012
www.lehmstedt.de

Alle Rechte vorbehalten. Printed in Germany.
ISBN 978-3-942473-25-5